사랑 엘레지

지 만 원 시집

선술집 시간이 흘렀다

달이 떴다

망망 바다에 하얀 길이 열렸다

너울거리는 은빛 물결에 취하고

한잔 술 정취에 취하고

마주 앉은 여인의 뽀얀 눈매에

취했다

도서출판
시스템

| 지 만 원 시집 |

사랑
엘레지

발행처 / 도서출판 시스템
발행인 / 지만원

1판 1쇄 인쇄 / 2020년 3월 20일

출판등록 / 제321-2008-00110호(2008. 8. 20)

주소 / 서울특별시 서초구 방배4동 854-26 동우빌딩 503호
대표전화 / (02)595-2563   팩스 : (02)595-2594
홈페이지 : systemclub.co.kr 또는 시스템클럽

잘 못 만들어진 책은 구입하신 서점에서 교환해 드립니다.

사랑
엘레지

지만원 지음

프롤로그

이 안에 수록된 시의 대부분은
제 나이 6, 70대에
쓴 시들입니다

위 나이에 저는
일면 공산주의와 싸우고
다른 일면
5·18의 진실을 연구했습니다
제가 찾아낸 5·18진실은
순수한 민주화운동이 아니라
북한이 저지른 게릴라전이었습니다

지난 30여 년간

5·18에 대한 그릇된 인식이

온 사회에 확산돼 왔습니다

5·18세력이

국가 위에

그리고 국민 위에

군림했습니다

이런 현실에서

제가 찾아낸 진실은

천동설을 지동설로 바꾸는 충격이었고

온 사회를 지배하고 있는

5·18 군림세력에 대한

정면 도전이었습니다

5·18 수호세력으로부터

여러 차례

집단폭행을 당했습니다

2002년부터 지금까지
소나기 소송에 시달리고 있습니다
전과 80범이 되었습니다

2002년
서울 근교에 살고 있던 제가
광주 경찰에 의해 연행되어
광주로 압송되었습니다
수갑이 등 뒤로 채워진 채
여섯 시간 동안
아들 뻘되는 광주 경찰들로부터
쉴 새 없이 욕먹고 쥐어박혔습니다
그리고 광주교도소에 수감됐습니다

최근에는
서울에서 받아야 할 재판을
광주법원이 뺏어다

재판을 했습니다
손해배상금 2억4천만 원을 강탈당했습니다
온 언론들이 저를 마녀사냥했습니다
동네북이 되었습니다

하지만 저는
함부로 취급당해야 할 일을
저지르지 않았습니다
나라도 잘 지켰고
공부도 잘했고
열심히 살아왔던 사람입니다

육군사관학교를 졸업했고
베트남 게릴라전에 44개월 참전했고
이후 미 해군대학원에 유학하여
경영학 석사와
시스템 응용수학 박사가 되었습니다

수학 공식 두 개

수학 정리 여섯 개

항공모함 수리부품 적정량을

계산하는 알고리즘을 발명한

수학 분야의 발명자입니다

군 연구소 연구자가 되어

군 역사상 최초로

예산개혁과 물자관리개혁을 선도했습니다

품위를

인간의 최고 가치로 생각하고

우아함과 절제를

최고의 미덕이라 생각하고

인생 하루하루를

절대자와 결산하기 위해

살아야 한다는 것을 종교적 가치로

생각해 왔습니다

매일매일을 멋으로 가꾸려 노력해 왔습니다

양심을 지키고
열심히 연구하여
사회를 계몽해 왔습니다

그 중 오직 하나 5·18에 대한 제 연구결과가
군림세력의 이익에 반한다는 이유로
혼자서는 감내하기 어려운 수모와 고통을
당해오고 있는 것입니다

여기에 모아놓은 대부분 시들은
이러한 제 인생 환경의 산물일 것입니다
아울러 그리웠던 청년시절과
로망의 고향을
노래한 시도 있습니다

지 만 원

차례

프롤로그 — 4

1. 좁쌀 밥 — 14
2. 정화수 — 17
3. 히모니카 추억 — 19
4. 사랑 엘레지 — 22
5. 사관생도와 고향 여선생님 — 28
6. 이 순간을 무를 수만 있다면 — 35
7. 어느 소대장의 죽음 — 38
8. 극기의 계절 — 43
9. 해변의 밤 — 50
10. 은하수의 속삭임 — 52

11. 마주앙 ———————————— 54

12. 치킨 한 봉지 ———————— 56

13. 옹 달 샘 ————————————— 58

14. 외기러기 ———————————— 60

15. 가을 마음 ———————————— 62

16. 비 내리는 오두막 —————— 65

17. 임종의 종소리 ———————— 67

18. 헤밍웨이의 노인 —————— 70

19. 고 목 ———————————————— 72

20. 인생은 꿈 따라 ———————— 74

21. 카사비앙카를 향하여 —— 77

22. 사랑은 조각품 —— 79

23. 아늑한 공간 —— 81

24. 창작만 하면 됐지 뭘 또 바래 —— 83

25. 동등한 사람은 없다 —— 87

26. 하직이 남기는 여운 —— 90

27. 날개 꺾인 자유 —— 92

28. 여보 미안해 —— 94

29. 용암이 된 눈물 —— 96

30. 펑펑 흘러라 눈물아 —— 103

31. 밤에 입은 비단옷 ———————————— *107*

32. 놓아주세요 이젠 ———————————— *112*

33. 답 변 서 ———————————— *118*

34. 선고 ———————————— *121*

35. 5·18 형사재판 판결 ———————————— *125*

1. 좁쌀 밥

경기도 영화마을 구둔
여섯 살 때였다
어느 한 겨울날
아침상에는
노란 좁쌀 밥과 짠 김치 물김치
그리고 구수한 숭늉이 올라 있었다

문풍지 사이로 뽀얀 햇살이 들어와
김이 모락모락 피어오르는 좁쌀 밥 위를
평화롭게 비췄다
형들은 한참 먹을 나이라
마파람에 게눈 감추듯 밥을 해치우고
장난을 치기 시작했다

궁둥이에 손을 대고
입으로 방귀 소리를 낸 후
거무튀튀하고 투박한 손을
내 밥그릇 위에 갖다 덮었다

나는 숟가락을 내팽개쳤다
발버둥 치고
신경질 내며
울기 시작했다
어머니는 형들에게 눈을 흘기며
애 성미를 잘 알면서 그런다며 나를 달랬다

내가 그치지 않자
어머니는
내 밥그릇을 가지고 부엌으로 나갔다가
다시 가져와서는 밥을 바꾸어 왔으니
어서 먹으라고 했다

나는 밥을 검사해보고는
나를 속였다며 신경질을 더 부렸다
어머니는 하는 수 없이
풀기 없이 부서지는 조밥을
커다란 바가지에 넣고
내가 보는 앞에서
물을 부어 씻어주었다

김치쪽을 물에 헹궈서
밥숟갈에 올려주면
몇 술 먹고 말았다
오돌오돌한 조밥이
어린 나에게 맛이 있을 리 없었다

2. 정화수

내가 어릴 때 살던 집 뒤에는
시커멓고 가파른 고래산
언제나 호랑이 눈이
도깨비불처럼 움직인다는
무서운 산이 있다

길이라고는 흉내만 낸
그런 길 따라
새카만 밤에
광솔불 들고
아버지와 함께 올라가
바위에 떡시루 놓고
정화수 떠놓고
손바닥 닳도록 비비면서

우리 막내아들 잘 살펴주시라
기도한 어머니

잠깐만 헤어졌다 다시 보면
나를 눈 속에 넣으려는 듯
빨아들이는 눈동자
지고지순의 사랑 먹고 자랐기에
내 눈은 사랑만 접하면 젖는다

3. 하모니카 추억

내가 살던 마을 구둔
해방 후 문명의 발톱이 할퀴지 않고
보존된 미개발지역이다
그래서 경기도가 영화마을로 정했다

하교하면
작고 맑은 웅덩이에
너나없이 뛰어들어 잠수 수영을 했다
동쪽에는 완만한 산기슭을 따라
중앙선 열차가 다녔다
칙칙폭폭
내리막길에서는 흰 연기를
오르막길에서는 검은 연기를 뿜었다

열세 살이 되면서
나는 그 철로를 많이 걸었다
기차가 오려나
때때로 철로에 귀를 대면서

옥수수 반 토막짜리 하모니카
입에 물고
내쉬고 들이쉬고
혀로 박자까지 치면서
음에 도취되어 걸었다

동네 형들과 누나들이
부르는 노래
신라의 달밤
나그네 설움
백마강 달밤...

내가 가는 곳마다 메리 도꼬

두 마리 개가 따라 다녔다
사과나무 밑에 텐트 치고
책을 읽으면
개들은 귀를 쫑긋거렸다
어쩌다 아는 척해 주면
즉시 달려와 몸을 부볐다

이리 가면 사과 열매
저리 가면 배 열매
자두와 오얏과 복숭아가 있는
과수원집
가는 곳마다 메리 도끄가 따라다니던
그 시절 그 풍경
내가 지금도 꿈꾸는
목가적 로망이다

4. 사랑 엘레지

메디슨 카운티의 다리
중년의 건장한 사진작가와
순수하고 차한 가정주부 사이에
잠시 설레는 핑크빛 꿈이 피었다
하지만 그 사랑은 영원히 절제됐다
중년 러브스토리의 한 장면이다.

타이타닉호의 사랑
인습과 통념의 거미줄로 꽁꽁 묶인
상류사회의 한 처녀 로-즈의 억압된 영혼을
자유분방한 영혼을 가진 잭 도슨이
해방시켜주면서 펼치는 애틋한 사랑의 순간들이
수많은 가슴을 울렸다
청춘 러브스토리의 한 장면이다.

나에겐 고교 2년 사진이 한 장 있다
이 한 장 사진에
사랑의 엘레지가 담겨있다

가정교사로 고학을 하던 내가
갑자기 잘 곳을 잃었다
나를 지켜보던 스물 여덟 살의 여인
내가 밥과 학비는 대줄 수 있어도
잠은 안 된다
오늘 어디 가 잘래
감사합니다 걱정 마세요
학교 교실에 선배들이 밤새우니까
거기서 자면 돼요

미나리밭 한가운데 검은 콜타르가 발라진
목조건물 안으로 갔다
울퉁불퉁한 바닥에

책상 몇 개를 모아놓고 잠이 들었다
피곤했던 신경들이 파르르 풀렸다
밤중이 되자 비바람 몰아치고
귀신바람이 문틈으로 새어들었다
귀신이 옆에 와 지켜보는 것 같아
미동도 할 수 없었다
눈도 뜰 수 없었다

용기를 내 창문을 열고 뛰었다
멀리 가로등이 보였다
무서웠던 빗줄기가
아름다운 은가루였다
비가 이렇게 아름답다니

한없이 내리는 은가루
그 자리에서 한참 머물렀다
어디로 가야 하나
이 가로등에서

저 가로등으로
무의식 속에서 달렸다
그리고 아침이 되었다

나는 나보다 열 살 많은
여인 옆에 누워있었다
애야 밥 먹을 수 있겠니
어젯밤 네가 부엌 부뚜막에
새우처럼 웅크리고 자더라
널 보내고 마음이 안 놓였는데
무슨 소리가 나더라
내가 많이 울었다
이것이 바로 내가 쓴 책
뚝섬무지개의 시작이었다

달빛도 영롱했던 어느 날 밤
맑은 유리창에 점점이 붙어 있던 먼지들이
달빛을 타고 들어와

누나의 화사한 얼굴에 점들을 찍었다

외국영화에 망을 쓰고 출연하는

아름다운 여배우의 얼굴보다 더 아름다운 얼굴

빤히 바라보는 순간

누나가 말을 했다

달빛 받은 네 얼굴 참 예쁘구나

나는 무역회사 급사로 취직했다

야간학습이 끝나면 회사 사무실에 가 잤다

매일 밤 하교 시간이 되면 누나가 찾아왔다

용두동 개천 길

20분이면 갈 거리를 한 시간씩 걸었다

여러 대의 버스가 왔지만 그냥 보냈다

날마다 그렇게 버스를 탔다

버스가 누나로부터 멀리 벗어나면

나도 모르게 어깨가 들먹였다

영원히 헤어져야 하는 뚝섬 나루터

누나를 싣고 갈 배를 여러 번 그냥 보냈다
누나가 전철역에 나를 바래다주었다
내가 또 누나를 나루터에까지 바래다주었다
이렇게 둘은
나루터와 전철역 사이를 여러 번 왕복했다
미루나무 잎이 노을빛에 파르르 떠는 한 시각
무심한 배는 떠났다

배가 떠나기 전에는 둘이었는데
떠나고 나니 혼자였다
이내 어둠이 깔렸다
전철역으로 옮겨지는 내 발길
무거운 쇠사슬이 채워졌다
터벅터벅
한 걸음 한 걸음이 납처럼 무거웠다
멀리에서 비춰주는 흐린 불빛이
쉴 새 없이 매달리는 구슬방울에
오색 빛 무지개를 만들고 또 만들어 주었다

5. 사관생도와 고향 여선생님

사관학교 3학년
고향에서 스쳤던 여선생님과
몇 번의 편지를 주고받았다
그리고 겨울 방학이 되어
그녀와 나란히
밤길을 걸었다

동네 눈이 무서워
첫 만남에 밤 데이트를 한 것이다
며칠 전에 내린 눈에
약간의 발자국들이 나 있었다

행여 동네 사람이 볼까
사방을 두리번거렸다

닿을락 말락

간간이 가슴 뛰었다

앞에서 사람이 플래시를 흔들며 다가왔다

둘이는 반사적으로

언덕길 뒷면에 몸을 숨겼다

나는 눈 위에 누웠고

그녀는 내 위에 기댔다

색~ 색~

그녀의 가쁜 숨결이 뺨으로 전달됐다

개울가를 걸었다

발을 옮길 때마다

흰 눈이 뽀드득 소리를 냈다

숨 막히는 학교생활에서 벗어났다는

사실 하나만으로도

그녀는 가슴벅차했다

나의 팔을 잔뜩 잡아당겨

그녀의 어깨에 밀착시킨 채

어린애처럼 성큼성큼 걸었다
노래도 불렀다

춥지요
그녀가 어깨를 떨었다
나의 손을 잡아다
그녀의 얇은 코트 주머니에 넣었다
뼈마디 없는 섬섬옥수
부드러운 살집이 경이로웠다

달빛이 눈에 반사되어
온 동네가 신비로운 동화마을처럼
뿌옇게 보였다
개울을 덮은 얼음이
속으로 흐르는 물에 스쳐
여기저기 찢겨져 있었다
갖가지 모양의 얼음조각들이
물살의 속삭임에 맞춰 너울거렸다

시간이 흘렀다
두 사람
발길을 돌렸다
둘이서 밟는 뽀드득 소리가
아름다운 음악이었다
간간이 그녀의 긴 머리카락들이
나의 뺨을 스쳤다

합의 절차도 없이
발길은 그녀의 토담방을 향했다
갑자기
맞은편 교장 선생님 사택에서
문 여는 소리가 들렸다
그녀가 소스라치게 놀라며
나의 입을 막고 벽으로 밀었다
교장 댁 문이 닫히자
둘이는 등을 벽에 붙인 채
발을 수직으로 올렸다 내렸다

고양이 걸음을 했다

한 손으로는 벽을 더듬고
다른 한 손으로는 나의 손을 붙잡고
주위를 살피며 한 발짝 한 발짝 전진했다
이번에는 또 교장 댁 나무에서
커다란 눈송이가 소리를 내면서 떨어졌다
또 한 번 가슴이 조여왔다
한 배를 탄 위기의 순간들이
두 사람을 더욱 가깝게 했다

방바닥에는 열을 보호하기 위해
요와 이불이 깔려져 있었다
그녀는 손가락을 내 입술에 갖다 세웠다
그리고 입술을 내 귀에 바짝 대고
주의를 주었다
옆방에 남자 선생님이 있는데
책장 넘기는 소리까지 들린다 했다

그녀가 여유분의 파자마를 꺼내 내밀었다

나는 그것을 받아 이불 속에서 갈아입었다

요 위에 배를 깔고 나란히 누웠다

그녀는 여러 장의 백지와 연필을 꺼냈다

전에 애인 있었어요

아니요

서로가 먼저 쓰겠다고 연필을 빼앗았다

추위에 오랫동안 노출됐던 터라

두 사람 모두 콧물을 흘렸다

그녀는 재빨리 두루마리 휴지를 잘라

나의 콧물을 짜주었다

문풍지를 울리는 바람 소리가 사납게 울고

바람과 눈가루가 종이 창문을 마구 때렸다

그럴수록 두 사람은 더욱 아늑한 행복감에 도취했다

밤이 순식간에 깊어갔다

뽀얗던 그녀의 눈가에

나른한 안개가 퍼지기 시작했다

그리고 마주보던 자세는

아침이 찾아올 때까지

화석처럼 보존돼 있었다

6. 이 순간을 무를 수만 있다면

사관학교를 졸업한 지 1년
베트남 정글전에 투입됐다
햇볕은 여과 없이 내려 쬐고
얼굴은 빨갛게 익고
여기저기에 생채기가 나있었다

세 개의 수통에 담은 물
남에게 주지도 달라지도 말라 했다
오후 두 시가 되자
물이 동났다
작업복이 소금 가루에 하얗게 덮였다
땀이 말라 소금이 된 것이다
입이 타들고 침조차 말랐다

바로 이때
50m 앞 선발대로부터
날카롭게 째지는 총성이 울렸다
모두가 반사적으로
바위틈에 몸을 숨겼다
부산항에 두고 온 얼굴들이
주마등처럼 흘렀다
이 순간을 다시 무를 수만 있다면
세상 끝 절벽이었다

철수할 때의 기분은 세상 최고
중대장은 소대장들을 불러 모았다
얼기 직전까지 냉장된 캔 맥주를 쌓아놓고
마음껏 마시라 권했다

이 순간을 가질 수 있다는 게
꿈만 같았다
몇 번씩 살을 꼬집으면서

생시인지 꿈인지 확인했다
꼬집음의 아픔은 고통이 아니라
살아남았다는 데 대한 희열이었다

전축에서는
문주란, 박재란, 현미, 정훈희의
히트곡들이 흘렀다
고국에서는 싫증났던 곡들의 마디마디가
가슴을 파고들었다

고국은
온갖 꿈과 희망이 담겨있는
어머니 품이었다
살아서 다시 갈 수만 있다면
무엇이든 할 수 있었고
무엇이든 가질 수 있었다

7. 어느 소대장의 죽음

1968년 베트남의 6월 오후
갑자기 헬기들이 줄지어 날아오더니
내가 속한 중대를 낯선 마을로 태워갔다
미군 전투기들이
마을을 사정없이 폭격하고 있었다
독수리처럼
수직선으로 내려 꽂혔다가
야자수 높이에서 다시 날아올랐다

장갑차에서 내리려는 순간
옆 마을로 진격했던
제2소대 무전병의 울먹이는 소리가
무전기를 통해 울렸다
소대장님이 전사하셨습니다

밤이 되었다
모기떼가 극성이었다
손으로 아무 곳이나 문지르면
수십 마리씩 뭉개졌다
몸도 마음도 다 지쳐있었다
이윽고 철수명령이 떨어졌다

작업복은 진흙과 모기약이 범벅되어
덕지덕지 말라붙어 있었다
철수용 헬기를 기다리는 동안
병사들은 전우들의 시체를 나란히 눕혀놓고
C-레이션 깡통을 따서 시장기를 메웠다

기지로 돌아와 첫 밤을 맞았다
바로 내 옆에 있었던
소대장 자리가 텅 비어있었다
소대장의 죽음이 실감됐다

그는 몇 달 전
고국으로 포상휴가를 다녀왔다
그때부터 많은 여학생들과
펜팔을 맺고 있었다

식당에서 저녁을 마치고 오면
그는 편지부터 읽었다
월남전의 영웅
미남의 소위를 흠모하는
여고생들의 사연들이었다

그의 침대 머리맡에는
언제나 꽃봉투가 한 뼘씩 쌓여있었다
이리 누워 읽고 저리 누워 읽었다
간간이 문주란의 돌지 않는 풍차를 부르면서

약간 음치이긴 해도
특유의 가락과 감정이 있었다

고개를 약간 뒤로 젖힌 채
눈을 지그시 감고 목을 좌우로 저어가면서
소리를 뽑아내곤 했다

하지만 그런 모습은
더 이상 보이지 않았다
텅 빈 침대 위에는
임자 잃은 꽃봉투만 쌓여갔다

그는 침대 밑에
귀가 쫑긋하게 올라간
귀여운 황색 강아지를 길렀다
주인을 잃은 첫날부터
그 강아지는 식음을 전폐했다
병사들이 안아주고
밥을 떠 넣어줘도 먹지 않았다
매일 밤 내는 애조 띤 울음소리가
병사들의 마음을 아프게 했다

어느 날 그 강아지는
천막이 보이는 모래 언덕
뜨겁게 달아오른 모래 위에
잠들어 있었다
그 강아지의 죽음과 함께
소대장에 대한 기억도 소멸돼 갔다

8. 극기의 계절

캘리포니아 존스타인벡 컨트리에 있는
미 해군대학원에서
나는 36세에
박사과정을 밟기 시작했다
연중 내내 반팔로 지낼 수 있는
지중해성 기후였지만
위장병 때문에
무릎과 발이 시리고 쩌릿했다
뒷골이 무겁고 나른해 잠만 쏟아졌다

교포로부터 몇 차례 침을 맞았다
한 차례에 20달러
가는데 20분 오는데 20분
돈도 시간도 감수할 수 없었다

침술사에게 살려달라 간청을 했다

그가 싸준 침 뭉치를 가지고
나는 거의 매일
내 배와 손발에 침을 꽂았다
배에 꽂는 실침의 수는 30개 내외
고슴도치가 되었다

침을 꽂으면 체력이 소모됐다
몸이 까부라졌다
여기에서 지면 내 인생은 끝이었다
엉금엉금 기다시피 하여 이층 계단을 내려왔다
비틀거려지는 몸을 가누며 뛰기 시작했다
뛰고 나면 생기가 돌았다

비가 와도 뛰었고
새벽 두 시에도 뛰었다
하루를 거르면 열흘을 거르게 된다

열흘을 거르지 않기 위해
하루도 거르지 않았다
박사과정이 끝난 시점
내 건강은 일생 중 가장 좋아져 있었다

뛸 때에는 반드시
생각할 거리를 준비했다
수많은 수학이론을 뛰면서 터득했다
내 머리가 수학기호들로 채워졌다

새로운 이론을 공부할 때마다
서너 권의 책을 도서관에서 빌려왔다
같은 이론이라 해도
석학들에 따라
시각이 다르고
표현방식과 기법이 달랐다
감탄이 연속되고
희열이 연달았다

나는 수학책에서 제공하는 공식과 정리를
내 나름대로 소화했고
그 위에 추가하여
내 독자의 방법을 개발했다
공식에 매달린 것이 아니라
공식을 따로 만들어 냈다

박사논문을 쓸 자격을 부여하는 시험이
두 개 있었다
먼저 필기시험을 치고
합격하면 구두시험을 보아야 했다
여섯 명의 박사 후보 중
나 혼자 필기시험에 합격했다

며칠 후
피를 말린다는 구두시험이 열렸다
그 학교의 모든 과정 교수들이
대거 몰려왔다

학생들은 그들을 염라대왕들이라 불렀다
그날 나는 오히려 교수들에게
내가 만든 공식들을 강의하게 됐다
교수들의 눈이 휘둥그레졌다
나처럼 생각해 본 교수가 없었기 때문이다

면접시험이 끝나자
논문 지도 교수가
자기 방에 가서 기다리라고 했다
초조하게 기다린 지 이십 분
지만원 박사위원회 여섯 명이
일렬로 서서 들어왔다
기쁨의 웃음을 가득히 물고
내가 마치 높은 사람이나 되는 것처럼
일렬로 서서 한 사람씩 악수를 청했다

정말 축하합니다
정말 잘했습니다

20분 동안 우리 교수들은
당신의 합격 여부를 논의한 것이 아닙니다
합격에 이의를 표시한 교수는 없었습니다

아마도 당신은 이 학교 창설 이래
가장 훌륭한 면접시험을 치렀을 것입니다
박사과정 학생을 맡고 있는 교수들이
모두 다
자기들이 양성하는 학생도
당신 같으면 얼마나 좋겠냐
부러워했습니다
모두가 조언했습니다
당신같이 창의력 있는 학생을
어떻게 인도해야
훌륭한 논문을 쓰게 할 것인지에 대해

1년 동안 논문을 썼다
대한민국 육사출신 현역중령

하버드나 스탠포드 학비의 2.5배나 되는
비싼 학비를 정부가 냈다
극기와 몰입의 경지에서
최선을 다했지만
그래도 실패하면
나는 책임감 때문에
그리고 자존심 때문에
죽어야 했다

1980년 9월 26일
미 해군대학원 석사 박사 수여식장
300여 명의 석사가 탄생했다
하지만 이날 탄생한 유일한 박사는
대한민국 육군 중령 지만원이었다
이날의 미 해군대학원 졸업식 행사는
대한민국 육군 중령 지만원을 위한 것이었다

9. 해변의 밤

웅장하게 펼쳐진 해변
출렁이는 물결에 저녁노을 덮였다
끝도 없이 일렁이는 금빛 물결
넋마저 앗아갔다

선술집 시간이 흘렀다
달이 떴다
망망 바다에 하얀 길이 열렸다
너울거리는 은빛 물결에 취하고
한잔 술 정취에 취하고
마주 앉은 여인의 뽀얀 눈매에
취했다

시간이 갈수록

새록이는 바닷가

그 정취

지금도 눈감으면

물결처럼

마음의 행로처럼

가물거린다

10. 은하수의 속삭임

내가 태어난 지구가 얄밉다
시간도 짧게 주고
공간도 좁게 준다
돈은 조금 주고
괴롭히는 사람만 많이 준다

외로운 내 영혼
나무 위에 올랐다
뭔가를 속삭이는
수많은 별들에
귀를 가까이 댔다
은하수 별들이 내 얼굴 위에 쏟아졌다
은가루보다 더 화려하게

저마다 입들을 모아 속삭였다

우리 모두 네 친구야

내 친구?

친구가 그렇게 많은데

왜 모두 먼 하늘에 가 있대?

입을 오물거리며 모두가 합창했다

야속한 지구가 너무 싫어서

에이

그럼 난 뭐야

11. 마주앙

밤 열한 시
퇴근 버스를 탔다
함박눈이 내렸다
눈발이 점점 커지고 세차게 날렸다
이따금씩 지나는 가로등 불빛
그 불빛 지나는 눈송이들이
은색의 함박꽃잎처럼 휘날렸다

내부의 습기가 차창을 덮을 때
장갑 낀 손등으로 닦았다
사방으로 유희하는 은색 꽃잎들
이 아름다운 모습 볼 수 있는 오늘
이런 오늘이 세상의 다라면 얼마나 좋을까
내가 탄 이 버스

영원을 향해 달린다면 얼마나 좋을까

버스에서 내렸다
눈을 많이 맞는 길로 걸었다
지하상가에 들려 마주앙 레드와 화이트 한 병씩 사들고
쏟아지는 눈을 즐기며 일부러 천천히 걸었다
눈길을 오가는 사람들이 마냥 아름다워 보였다
누구에라도 말을 걸고 싶었다
손에 든 마주앙 두 병이
내가 가진 재산의 전부였다
더 갖고 싶은 건 없었다

12. 치킨 한 봉지

골목길
조그만 치킨 가게가 보였다
후리이 치킨 한 미리만 싸주세요
기다리는 동안 생맥주 한 잔 마셨다
맥주맛이 신선했다
1,000cc를 병에 담아 주실 수 있나요
너무 신선해서 집사람과 함께 마시려구요

비닐백을 받아들었다
만족감에 취했다
뚜벅뚜벅
몇 개의 건널목을 건넜다
개울 돌다리도 건넜다
등 뒤에서 비치는 가로등이

내 그림자를 크게 부풀려 주었다

치킨 봉지도 커졌다

집이 보이자

한가했던 걸음이 갑자기 빨라졌다

13. 옹달샘

외진 풀섶에
숨어있는 옹달샘
가는 길도 오는 길도
외길 하나

한 움큼 고운 물 날 부르고
한줌 새하얀 모래 날 반긴다
소리가 없어도 가슴을 울리고
움직임 없어도 희열을 준다

아무도 가지 않는 오솔길
오늘도 나는 그 길만 간다
아무도 찾지 않는 옹달샘
오늘도 나는 내 그림 그리려

거기에 간다

어제도 오늘도
날마다 그리는 그림
아무도 가지 않는 오솔길 너머
옹달샘에 꼭꼭 숨어 있다
그리고 이 세상 하직하는 날
나는 그 그림 고이 안고 저 세상 가리라

14. 외기러기

인생은 기러기
한없이 날개를 젓는다.
낭만을 찾아 나는 기러기
먹이를 찾아 나는 기러기
이상을 찾아 나는 기러기

오늘도 슬픈 외기러기들이
수도 없이 하늘을 난다
모두가 짝 없이 혼자 난다
수많은 외기러기들엔 왜 짝이 없을까
언어는 있지만 통하는 언어가 없다

친절한 언어로 접근하는
기러기들 있다

그래도 외기러기는 그냥 외롭다
영혼의 사이클 틀리고
격의 코드가 다르다

하늘을 가득 메운 기러기떼
저마다 날개를 뽐내지만
오늘도 외기러기는
검은 밤 홀로 난다

15. 가을 마음

가을밤
퇴근을 한다
가로등
키다리 나무들이
도열해 있다

평소에는 지름길로 걸었지만
오늘은 돌아가는 길을 걷는다
하늘을 찌를 듯 드높은 공간에
노오란 잎들이 주렁주렁 열렸다
머리를 한껏 뒤로 제치고
올려보고 또 올려본다
그래도 모자라
걸었던 길 또 걷는다

하늘에 열린 노란 길
가슴에 담고 새겨도
더 많이 보고 싶다
이렇게 좋은 길
나는 왜 매일 걷지 않았을까
태양이 한결같이 떠오르듯
이 풍경 내일도 있어줬으면

집에 가면 반겨주는 미소 있고
밖에 가면 웃어주는 얼굴들 있지만
오늘은 왜 갑자기 그 미소 그 얼굴들
다시 보고 싶어질까
그리워라 그 얼굴들
내일도 있어줬으면

나는 불빛
너는 잎새
따로는 아름다울 수 없지만

어우러지니 이리도 아름다운 것을

그런 아름다움 피우기 위해

오늘도 나는 검은 밤 비추는

한줌 불빛 되리라

16. 비 내리는 오두막

별빛 달빛 흐르고
은하수 쏟아지는
적막한 산골
비가 내린다

후두득 뚝뚝
세찬 바람 타고
이리저리 쏠려 다닌다
때로는 강하게
때로는 갸날프게

빗줄기가 보고 싶어
전기등을 비쳤다
내리는 것은 비가 아니라

화려한 은가루

쏴~
공기 가르는 소리
나뭇잎 때리는 소리
지붕 때리는 소리
그리고 창밖 멀리 흐르는 계곡물 소리
음악보다 더 음악 같은
그 소리의 향연 듣고 싶어
난 여러 달 기다린다

소리 있고
정취 있고
하늘과 땅의 아름다운 영상들 아롱진
그윽한 공간
이것이 시린 내 가슴에
아련히 잠재한
그리움이다

17. 임종의 종소리

사관학교 시절
명화
누구를 위하여 종은 울리나를 보았다
울리는 종
누구의 죽음을 알리는 종인가

사관학교 3학년 때
그 소설을 영문판으로 읽었다
영어 교수가 생도들에 물었다
영화를 보았나?
네
책 다 읽었나?
네
그 영화가 우리에게 가르쳐 준 것이 무엇인가?

잉그리드 버그만의 빛나는 눈빛
케리 쿠퍼의 멋진 제스처
그건 멋있는 장면이었지 교훈은 아니었다

내가 손을 들었다
그 영화는 한 평생의 사랑을
72시간에 농축한 영화입니다
교수는 나를 의심했다
지 생도는 평론가가 쓴 글을 읽었는가
네?
아닙니다
당시에는 물론 지금 이 순간까지도
그 영화를 나처럼 해석한 평론가는 없다

아름다운 인간성도
아름다운 사랑도
전쟁터에서 가장 화려하게 빛난다
인생은 언제 죽느냐가 문제가 아니라

얼마나 아름답게 가느냐로 평가된다
많이 올라갔다고
많이 벌었다고
아름다운 게 아니다

주위의 가슴들을 적셔주지 못한 인생
절대자에게 가져갈 그림이 없는 인생
추억이라는 정신적 먹거리를 쌓지 못한 인생
아마도
이들의 임종을 알리기 위해
울릴 종은 없을 것이다

18. 헤밍웨이의 노인

노인은 바다로 나갔다
아주 멀리
낚시를 문 고기가
너무 컸다
손에 피가 나고
근육에 쥐가 나고

큰 고기 배에 묶었다
상어떼가 달려들었다
그들과 전쟁을 했다
뼈만 매달고 왔다
그 **뼈**만이
노인의 하루를 설명하는 증거였다

나는 무엇인가

고기와 싸우느라 인생가고

상어와 싸우느라 인생가고

결국 남는 건

기록뿐이런가

19. 고 목

모진 비바람 이겨내고
살 에이는 엄동설한에 떨던
한 그루 고목

내려쬐는 태양에 그을리고
수많은 삭풍 할퀴고 갔건만
그래도 한 그루 고목이어라

멋없이 잘려나간 앙상한 가지들
얼기설기 거느린 채
볼품은 없지만
늘 그 자리에 서 있노라

어째서 세월은

오로지 그 한 그루 고목에만
그토록 가혹했던가

수없이 많은 새들 날아와
아주 조금씩만 머물다 간
볼품없이 그을린
잎새 없는 나무

어쩌다 길 잃은 한 마리
파랑새 날아오려나
새야새야 파랑새야
흔들리지 않는 내 가지에
영원히 머물렴

그 노래
어쩌면 내 고목 뿌리
일깨워
어느 한 봄날
푸르른 잎새 피우리

20. 인생은 꿈따라

날아갈 듯 화려한 빌딩들이
거목의 숲을 형성한
화려한 현대 공간
하지만 내게 그리운 공간은
지금은 사라진 고색창연한
옛 공간이다

푸르른 나무 숲속
붉은 벽돌건물 몇 채
그 푸른색과 붉은색엔
언제나
꿈과 전설이 모락거렸다
고색의 그 풍경은 내 가슴에
시보다 더 아름다운 꿈들을 담아주었다

붉은 벽돌의 2층 건물들은

육군사관학교 교실들이었다

안으로 가면

교관이 갈겨쓰는 백묵에 집중해야 했고

곧바로 차디찬 시험을 봐야 했다

멀리에서는 그토록 아름답던 공간이

가까이 가니 각박한 훈련장이었다

주말이면 언제나 혼자

이 시간이 행복했다

독서하고 꿈 가꾸었던

문학소년의 20대 초반

그 물기 어린 눈엔

보이는 모두가

아름다운 꿈이었다

청춘시절에 피웠던 꿈 많아

난 오늘도 그 꿈에 산다

사랑도 꿈

눈물도 꿈

핍박도 꿈

꿈들이 있었기에

내 인생은

꿈의 산물이 되었다

21. 카사비앙카를 향하여

서기 이천 년
나는
과학의 공간
시스템클럽을 열었다
사람들에 생소한 메뉴접시가 즐비했다
맑은 영혼들 찾아들었다

시스템은 논리
논리를 사랑하는 이들이
사랑방 만들었다
하지만 김대중이 간첩질을 하면서
이 클럽공간은
김대중과 싸우는
살벌한 전투공간이 되었다

최근 이 공간은
소박한 방송공간을 추가했다
아름다운 영혼들이 더 많이 찾아왔다
그리고 곧 클럽의
주인들이 되었다

귀한 이들이 탄 이 시스템버스
아무도 내리지 않도록
소중하게 몰고 싶다
하얀 구름 낮게 드리운 저 언덕
저 아름다운 곳에 지어진
꿈같은 하얀 집
카사비앙카를 향해

22. 사랑은 조각품

사랑이란 무엇일까
돈으로 사는 게 아니라
하루에 조금씩
조각하는 것이다
조각의 도구는 무엇인가
언어다

사랑하는 이에 건네는 언어는
조각돼야 한다
조각된 언어를 선사하면 사랑을 얻고
조악한 언어를 날리면 사랑 잃는다

사랑이란 무엇인가
가장 얇은 유리컵이다

조금만 방심해도 깨지고
늘 소중히 가꿔야 보존된다

사랑
주기는 쉽지만
받기는 어렵다
사랑은 단숨에 구입하는 것이 아니라
매일 조금씩 감동을 조각해야 얻을 수 있다
영혼에 가격표가 있듯이
사랑에는 품격표가 달려있다

아름다움을 발산하는 발광체 인생
사랑 위에 사랑을 얹어 조각한
꽃보다 더 아름답고
꽃향보다 더 향기로운 인생이다
모든 인생이 이런 발광체라면
세상은 얼마나 아름다운 정원 될까

23. 아늑한 공간

물욕 없고
명예욕
육욕 다 없다
욕심이라곤 오로지
진실과 정의
나는 이렇게 태어났다

어둠의 자식들
게으름이 잉태한 무식의 자식들 있기에
난
모함 받고
오해받고
손가락질 받았다

그래도
절대자를 믿기에
내겐 늘 아늑한 공간 있다
절대자에 대한 신념이 없다면
난 봄빛에 녹는
한 송이 눈꽃이었을 거다

그가 있기에
눈앞에 위험이 어른거려도
난 오늘 밤
한잔 술에
시린 가슴 달래며
한편의 시를 쓰고
아름다운 그림 그린다
절대자의 가슴만이
내 아늑한 공간이다

24. 창작만 하면 됐지 뭘 또 바래

직업 없던 프리랜서 시절
나는 이미 선정됐던 F/A-18 전투기를
F-16으로 전환하는데 핵심역할을 했다
로비가 아니라 논리로
무얼 바라서가 아니라
그것이 합리였기 때문이었다

F-16 제작사가 고맙다며
엔진 사업권을 주겠다 했다
재벌이 부럽지 않을 수 있는 이권
나는 주저 없이 사양했다
그 회사 중역이 엎드려 큰절을 했다
공장을 견학시켜 주는 예우도 제공했다
명절이면

한과나 술 같은 선물도 보냈다
수십 년 동안

부자 되는 길 왜 사양했을까
장사보다 창작이 더 좋아서였을 것이다
장관 자리
전국구 자리가
굴러왔어도
난 정중히 사양했다
창작이 더 좋아서였을 것이다

창작
아름다움의 대명사
멋의 대명사
그런데 어찌 된 일인지
나의 창작은 오로지 고통만 불렀다
감옥 가고 조롱받고 몰매 맞고
수억 원대 금품 강탈당하고

극도의 고통이 내 창작의 대가였다

하지만 이 모든 해코지를 가한 존재는
인간이 아니라 요마악귀들
이 나라는 악의 골리앗들이 지배하는
지옥사회다
지옥국에 태어난 것이
나의 죄였다

내가 당한 모든 고통
그냥 고통으로 끝나는 것일까
아니다
고통이 내공되어
내 일생 가장 화려한 작품 만들었다
조선과 일본 책

이 책이 다윗의 돌일 것이다
이 돌이

나라를 사기 쳐온

그리고 그 사기 영원히 치려고

나를 학대해온

사악한 골리앗들의 이마를

공격할 것이다

25. 동등한 사람은 없다

복잡한 거 싫어
생각하기 싫어
차라리 매 맞고 때울래
육사에서부터
지금까지 듣는 말이다
노예근성

머리 쓰는 사람은
타인을 노예로 삼고
그걸 싫어하는 사람은
스스로 노예가 된다

독서하는 건
매 맞는 것보다 더 지겨워

차라리 매를 맞을 테니
제발 독서하라 지겹게 말하지 마
조선인종은 독서를
죽기보다 싫어한다
복잡하게 생각하는 건
지옥 가기보다 더 싫어한다

아니야 운명이야
점 보러 갈래
알게 뭐야
점쟁이가 앞으로 잘된다 했어
개돼지처럼 오늘도
불로소득 공짜만 밝힌다

동등한 국가 없고
동등한 사람 없다
상대적 우열이 존재할 수밖에 없다
독서가 습관화된 국민은

문명적 우등국민이고

독서를 꺼리는 국민은

지배를 받아야 할 열등국민이다

26. 하직이 남기는 여운

매암매암 가을 매미
울다 가면
여운조차 없다
인생도 매미
여기 와서 맴맴
저기 가서 맴맴
그리고 사라진다
하지만
인생은 사라질 때
여운을 남긴다

인생 살면서
단 한 사람의 마음이라도 움직여
나를 사랑하게 했다면

나로 인해 무엇인가를 학습한 이들이 있다면
그것이 내가 남길 여운일 것이다

세월이 많이 갔다
내가 그 버스에서 내릴 차례다
그 버스는 누가 운전할까
내가 잡초에서 태어났듯이
하늘은 또 다른 신선한 영혼을
잡초 속에 심어 두었을 것이다
아마도 그것이
내가 남길지도 모를
또 하나의 여운일 것이다

27. 날개 꺾인 자유

어느 옛날 자정
연인과 나는
함께 잠들었다
아침에 눈을 떴다
연인은 침대 옆에 기댄 채
나를 내려 보고 있었다
고운 눈으로

뭐야 안 잔거야?
네, 당신이 너무 사랑스러워
잘 수가 없었어요
이럴 수가
나는 그 사랑의 노예가 됐다

오늘도
많은 눈동자들이
내가 잠든 침대 옆을 지키며
바라볼 것만 같다
최근 글에 왜 글이 안 올라올까
왜 오늘은 방송을 안 할까

때로는
둥지 버리고
날아가 버리고 싶다
끄억이는 기러기처럼
아주 멀리

하지만
하지만
날 지켜주는 여인 있고
맑은 영혼들 있기에
그 사랑 포로 되어
오늘도 날개 접는다

28. 여보 미안해

식사를 한다
여보 내 눈 좀 봐요
도대체 마음이 어디 있는 거예요
응 미안해
내 눈 좀 보면서 잡수시면 안 돼요
응 미안해 이렇게 보면 돼?
고마워요 이쁜 눈 보게 해줘서

생각해보면 난 늘 미안하다
한 공간에 살아도
함께 나눌 수 없는 신분 때문이다
심청이가 묘사한 심봉사처럼
곽씨부인이 묘사한 심봉사처럼
넘어지고 자빠지고 물에 빠지면서

이집 저집 다니며
진실을 구걸하는 봉사의 신분이다

아내가 화사한 얼굴을 보여줘도
정겨운 눈으로 바라봐도
나는 오로지 구걸만 한다

그제는 넘어지고
어제는 자빠지고
오늘은 매를 맞으러 나간다
가슴 있는 이웃들이
이런 나를 돕는다
많이 담아주어도 눈물
야속해도 눈물
이것이 내 신분이다

눈앞은 온통 안개
밥을 먹으면서도 안개

잠을 자면서도 안개
머리에 맴도는 것은
오로지 안개뿐인 존재가
바로 내 인생이다

안개에 묻힌 눈동자
아침 식사할 때라도
한번 보겠다며
아내는 내 얼굴 들여다본다
눈 좀 떠봐요
내 눈 좀 보면서 잡수세요
오늘도 아내는
식탁에 앉아 눈길을 채근한다
정신 빼앗긴 청맹과니에게
눈을 뜨라 채근하는 아내
바라보는 내 가슴
시리고 시리다

29. 용암이 된 눈물

눈물은 무엇일까
외로울 때 슬그머니 고이는 샘물 같은 눈물
그리울 때 주르륵 떨어지는 뜨거운 눈물
이별할 때 분출되는 절규의 눈물
회고할 때 맺히는 이슬 같은 눈물
감동에 자극되어 솟아나는 가랑비 같은 눈물
사랑하는 사람이 불쌍해질 때마다
찔끔 솟는 병아리 눈물
이 많은 눈물 중 난 어떤 눈물 흘렸을까
그리고 얼마나 많이 흘렸을까

나는 사관학교 때 참으로 많은 눈물 흘렸다
호손의 주홍글씨
영어를 배운답시며 원문으로 읽었다

때는 천 팔백 오십 년대
세상은 기독교가 지배했고
생활은 청교도가 지배했다

연령차가 많이 나는 늙은 의사 남편은
고리타분한 꼰대로 묘사됐고
그의 처 헤스터는 아름다웠다
그녀가 사랑하는 딤스데일 목사는
고민하고 참회하는 신선한 인물로 묘사됐다

네 명 일개조로 책상을 맞대고 공부하던 나는
자습시간에 그 소설 읽었고
세 명은 교과서 문제를 풀었다
같은 시각
나는 속으로 눈물을 흘렸고
그들은 각박하게 경쟁을 했다

밤 열시 취침나팔이 울리면

모두가 침대 속으로 들어갔다
동료들이 잠을 청할 때
나는 헤스터의 가슴을 찾았다
그녀의 연인 딤스데일의 갈등하는 영혼을
음미하면서 베개를 적셨다

눈물
때로는 고요하게 눈꼬리 사이를 흘렀고
때로는 어깨를 요동치게 하면서 용솟음쳤다
이런 게 내가 흘린 청년의 눈물이었다

나는 울보다
가슴 뜨거울 때도 울고
세상 차가울 때도 울고
고요한 음악에도 운다
집단 폭행당할 때에는 창피해 울고
소나기 소송 당할 때에는 억울해 울고
재판에 졌을 때는 증오의 눈물 흘렀다

인생 20년 동안 흘린
이 많은 눈물
어디로 다 갔을까
사람들은 알까
내가 이토록 많은 눈물 흘린 걸

아파야 울고
괴로워야 울고
억울해야 울고
외로워야 우는 존재가
인생 일반의 존재가 아니던가
이런 인생들이 과연 내 눈물 이해할까

공익문제 다루다가 재판 200여 건 했다
판사 앞에 서는 순간을
사람들은 어떤 순간이라 표현했던가
이기든 지든 그 순간의 판사는 염라대왕

난 형사재판에서만 전과 80범쯤 된다
민사재판에서는 수백만 원에서 수억 원대의 돈 물어줬다
이때마다 나는 한잔 술로 잊었다
팔자땜이라 돌렸다
내 몸 상처받지 않으려고
마음을 돌리고 달랬다
흐르는 눈물 있으면
한잔 술로 씻어냈다
이것이 내가 살아남는 비책이었다

일반인들은 전과 기록 하나만 올라도
기겁을 한다
그런데 난 그런 전과가 80여 건이다
이 모든 전과는 내가 창조한 것이 아니라
하늘에 의해 주어진 것이다
운명론

이것이 내가 세상 고통을 극복하는
이른바 마인드 컨트롤의 비결이다

하지만
내 가슴 저 깊은 뒤안길에는
분노와 인고와 체념이 범벅된
뜨거운 용암이
소리 없이 흐른다

나는 간절히 바란다
내가 사랑하는 이들을 떠나는 그날
그대들이 흘려주는 뜨거운 눈물이
넘치고 넘쳐
이 응축된 용암 녹여내
오염된 나라 씻어 주기를

30. 펑펑 흘러라 눈물아

왜 내겐 즐거운 것 사라지고
싫은 것 몰려올까
왜 내겐 웃음 사라지고
긴장이 흐를까
옛날엔 가끔
흥도 있었건만
왜 지금은 눈물뿐일까

왜 나는 가시나무 우거진 오솔길로만 갈까
전엔 친구들도 더러 있었는데
왜 지금은 외톨일까
전엔 마음이 열려있었는데
왜 지금은 닫혀있을까

전에는 너그러울 때 많았는데
왜 지금은 고까울 때만 늘어날까
시도 때도 없이
주체할 수 없이
흐르는 눈물
이 많은 눈물 그 동안 어디에
다 저장돼 있었던가

흘러라 그리고 또 흘러라
그리움의 눈물이라면
어깨마저 흐느끼련만
오늘 흐르는 눈물에는
왜 어깨가 조용할까

한 줄기 흐를 땐
서운함 있고
두 줄기 흐를 땐
억울함 있고

세 줄기 흐를 땐

원망이 있고

네 줄기 흐를 땐

체념이 있고

그 다음 흐를 땐

절망이 있겠지

흘러라 눈물아

펑펑 흘러라

할 말이 너무 많아

한 마디도 말할 수 없을 때

쏟아져라 펑 펑

말하고 싶지 않을 때

말해봐야 소용없을 때

흘러라 펑 펑

그리고 세상이 더 이상

너를 반기지 않을 때

그때는 멈춰라

그리고 준비한 화폭 안고

조용히 가거라

31. 밤에 입은 비단옷

오늘 난
양심가가 걸어야 할 길을
최소한 12년 동안은 걸었다는
만족감에 젖었다

인생의 궤적 그려 넣는
내 도화지에
내가 원하는 그림
자랑스런 그림 하나 더했다
아무도 찾고 싶어 하지 않는 진실
찾으면 목숨을 잃을지 모를 오멘의 진실
저주의 악귀들이 밀봉돼 있는
판도라 상자 열었다

12년 동안

가시에 찔리고

맹수들 이빨에 물리고

성난 노도에 휩쓸리고

새까만 절벽에 매달리면서

건달은 낮에 비단옷을 입지만

선비는 밤에 비단옷을 입는단다

멍석 깔린 마당에서

개똥벌레 바라보며

아버지로부터 들었던

이 말

60여 년이 지난

오늘 밤

비로소 실감했다

남이 지은 비단옷이 아니라

내 손으로 지은 비단옷

칠흑에 묻힌 깊은 산골에서 입었다
내가 지은 옷은 5·18분석 최종보고서

가시밭길 더 이상 보이지 않는다
아무 것도 무섭지 않다
선과 악이 12년 동안 싸웠다
오늘 밤 나는 악을 무찔렀다는
승리감보다는
장장 12년 동안
온갖 가시에 찔리면서
비단옷을 지었다는
사실에 환희한다

두 개의 석사와 한 개의 박사를
따는데 4년 반을 보냈다
그냥 학위를 딴 게 아니라
세상에 없는 공식 두 개와 정리 여섯 개
알고리즘 한 개를 창조했다

그런데 나는 5·18의 진실 하나를 캐내는데
12년을 연구했다
편안하게 연구한 게 아니라
감옥을 들락거리면서
광주의 폭력에 시달리면서
노예처럼 연구했다

오늘 나는 5·18을 완전 정복했다
사람의 기를 죽였던
광주의 야만적 폭력도
광주에 야합한 원시국가의 폭력도
이제는 손가락질 받겠지

나는 곧 한국판 피히테가 되어
광주의 사기 행각과
국가의 부패상을
낱낱이 고할 것이다
그리고 무찌르자 호소할 것이다

이 땅에 태어나서는 안 될

붉은 흡혈귀들을

32. 놓아주세요 이젠

오늘은 많이 슬픕니다
슬픈데 눈물이 없네요
슬픈데 이유도 없네요
그 많던 눈물
이젠 고갈이 됐는가 보네요

하늘에 여쭙니다
왜 제게 이런 길 걷게 하시나요
감옥은 왜 보내셨나요
늙기만 해도 서러운데
몇째 자식뻘 되는
광주경찰 아이들한테 쥐어 박히게 하시고
하루도 거르지 않게
그 재미없고 피 말리는

재판 문서 쓰게 하시고

돈 강탈당하게 하시고
온 방송을 동원해 욕하게 하시고
가족과 자식들에게
미안하게 만드시고
생명에 위협 느끼게 하시고
법원으로부터 받는 건 온통
돈 물어라 집행유예다
더럽고 지겨운 문서만 안겨 주시나요

왜 제게만 이리도 가혹하신 건가요
하필이면 왜 저인가요
이렇게 하시고도
더 괴롭히실 이유가 남아있으신가요
보이시나요
살점 다 뜯겨 나간 이 모습
얼마나 더 뜯기게 하시고

얼마나 더 마음에
칼집을 내실 건가요

이젠 견딜 힘 없습니다
놓아주실 때
아직 안 됐나요
부탁합니다
이젠 놓아주세요
사는 게 축복이 아니라
지옥입니다

왜 하필이면 접니까
왜 절 상어 밥 되게 하셨는가요
혹시 제가 서울법정에서
몰매 맞는 모습 보셨나요
그런 모습
창피하게
그 많은 사람들에 왜 보여 주셨나요

그 모습 바라보는 제 가족들 마음
헤아려는 보셨나요
저는 맞으면서
몸이 아픈 게 아니라
수치심에 마음이 아팠습니다

이 세상 고통 중에 젤 고통스런 게
무엇인지는 아시나요
수치심입니다
그게 가장 견딜 수 없는
고문입니다
당신은 아시잖아요
그걸
그런데 왜 그렇게 하셨나요
도대체 무슨 억하심정 있으시길래
절 택하셨나요

얼마나 더 야생마에 매달아

거친 황야 위를 끌고 다니게 하실 건가요
너무 지쳤습니다
보세요 이 몸을
흐르는 피를 보세요
만신창이에 걸레같이 조각난
이 살점들을 보세요

그렇게 해놓으시고
무슨 애국을 더 하라 하시나요
아닙니다
이건 아닙니다
제겐 남은 시간 별로 없습니다
이젠 좀 쉬게 해주셔야 하는 거 아닌가요
끈을 놓게 해주세요
이젠 지겹습니다
더 이상은 아닙니다

하늘에 여쭙니다

제가 달라고 한 게 있었나요

오래 살게 해달라 했나요

돈 많이 달라 했나요

출세하게 해달라 했나요

제게 욕심 있었나요

욕심 없게 만들어 주셨잖아요

근데 왜 제게 이토록 가혹하신건가요

이젠 뭘 많이 주셔도

전 이미 가을나비입니다

이젠 그만 놓아주실 만하잖아요

제발 좀 놓아 주세요

이제 놓아주셔도

당신은 제게 많이많이

미안하시잖아요

빌께요 이렇게

제발 그만 놓아주세요

잊지 마세요 꼭

33. 답 변 서

여유 없는 인생은 삭막하다
빗발치는 포화 속에도
여유는 있다
여유는
주어지는 것이 아니라 찾는 것
여유가 있어야 인생이 아름답다
포연이 거쳐 간 자리에도
흔들리는 갈대가 있다
그 갈대가 보이는 인생 있고
보이지 않는 인생 있다

지난 20여 년 동안
나는 5·18빨갱이들과 전쟁을 했다
소나기 소송도 받고 집단폭행도 당했다

수만 장의 답변서들을 썼다
한마디로 답변서 인생이었다

허점 없이 써야 하는 긴장의 시간들
그래도 나는 각박하지 않았다
내가 쓰는 답변서는 글의 조각품이었다
살기 위해 쓰고
작품을 남기기 위해 쓴다
내가 아무리 많은 현대 과학을 배웠어도
지금 나는
날 죽이기 위해 걸어오는 재판에
답변서를 쓴다

답변서는 왜 써야 하는가
내가 빨갱이 뿌리를 공격했기 때문이다
빨갱이가 득세하지 않았을 때
나는 국가 발전에 이바지할 수 있었다
아주 매력적인 이론들로

빨갱이가 득세하는 지금

나는 저질 인생들과 미나리밭

검은 물에서 뒹굴고 있다

분노가 치밀고

마음이 각박하다

각박함 속에서

여유를 창조하지 못했다면

난 병마로 이미 사라졌을 것이다

그래서 늘 음악을 듣는다

음악이 있기에

커피가 있기에

그리고 한잔 술 있기에

가시밭길 걸으면서도

틈새의 여유를 갖는다

그 여유만이 나를 지키는

보호막이다

34. 선 고

내 인생은 선고의 연속

순간순간이 피를 말렸다

북한군 개입을 발설했다고

2003년 1월 광주법원이

선고를 했다

판사 앞에 선 나는

판결의 결과를 기다리는 것이 아니었다

전라도 판사를 경멸할 뿐이었다

2009년 나는

또 5·18로 인해

판사 앞에 또 섰다

그래도 운이 좋아

안양판사 앞에 섰다

두 명의 단독판사가
5·18재판을 회피했다
합의부 재판부가 형성됐다
그 재판장이 나를 대할 때
거머리 보듯 했다
선입관 때문이었다
매몰차게도 그 재판장은
날 향해 재판 도중 언제라도
법정구속이 가능한 존재라고 선포했다

나는 2년 동안
많은 자료를 제출했다
판사가 학습을 했다
송곳 같던 눈초리가
점차 온화해졌다

2011년 1월 19일
나는 선고하는 판사 앞에 섰다

최선을 다한 나는
담담했다
무죄를 선고했는데도
그저 담담했다

모레 나는
또 형사재판 판사 앞에 선다
광주 전체가 총동원된
고소사건에 대해 나는
3년 7개월 동안
열심히 방어했다
이 사건은 좌와 우를 대표하는 결투다

하지만 지난 3년 7개월 동안
나는 우익 대표가 아니었다
그냥 홀로 외롭게 싸웠다
오로지 좁은 공간에서만
사랑하는 이들의 격려를 받았다

결국 판결서를 받는 존재는

오로지 나

나 혼자 감당해야 할

실존적 결산서다

이것이 나의 외로움이다

35. 5·18 형사재판 판결

사건번호 2016고단2095
첫 번째 판사 김강산은
노골적으로 나를 적대시했고
내가 50여 명의 광주 집단으로부터
집단폭행당할 수 있다는 보고를 받고도
방치했다
법관기피신청을 했다
공을 세운 그는
기피신청을 받았어도
광주법원으로 영전해 갔다

그 후 세 명의 단독 판사가 재판을 이어갔다
2020년 2월 13일
드디어 김태호 판사 앞에 섰다

어느 모로 보나
그는 전라도 출신 같지 않았다
표준말 쓰고 예의 바르고
그런 그가 무죄를 예상했던 내게
2년 징역을 선고했다
청천벽력이었다
일말의 여론을 의식했는지
법정구속은 하지 않았다
지옥문 앞에서 풀려난 기분이었다

그리고 그 다음날
공을 세운 그는
광주법원으로 영전해 갔다
알고 보니 광주일고 출신이었다
재판이 아니라 붉은 공작이었다

제1심에서는 무죄를 결정짓는
수많은 팩트들이 발굴됐다

그런데 김태호 판사는
절대권력을 가지고 모든 팩트들을
없는 것처럼 무시했다
그날은 안면도 몰수하고
마치 타인이 써준 것을 읽듯이
판결문도 떠듬떠듬 읽었다

제1심에서는
판사의 공의로움만 믿고
전통적 절차에 따라
판사 한 사람에 판단을 일임했지만

항소심에서는
공판우선주의 구두변론주의를 앞세워
판사의 절대 권력을 제한할 것이다
핵심 쟁점들을 공판정 책상에 올려놓고
하나씩 하나씩
기자들과 방청객들이 보는 앞에서

검찰과 변론 대결을 펼칠 것이다

나는 법원장에 탄원서를 냈다
항소심 재판부에는
전라도 판사를 포함시키지 말아달라고
아마도 이런 탄원서
사법 역사상 처음 있는
한심하고 기막힌
사례가 되었을 것이다